Profundezas cotidianas

Israel Henrique

Todos os direitos reservados e protegidos.

Edição: Israel Henrique Ribeiro Rios

Fotografia: Israel Henrique Ribeiro Rios e Isabela Cardoso Brito

Catalogação na publicação (CIP)
Ficha catalográfica elaborada pelo autor

R586p	Rios, Israel Henrique Ribeiro
	    Profundezas cotidianas / Israel Henrique Ribeiro Rios.
	Feira de Santana – BA. Edição do autor: 2020. 70 p.
	
	    ISBN: 978-65-00-06331-8
	
	    1. Poesia. 2. Poesia brasileira. I.Títiulo

CDD: B869.1

CDU: 82-1/49

Agradeço a Deus,

aos meus leitores, que sempre me incentivaram

e a todos que, direta ou indiretamente

me mostraram a leve poesia mostrada

nas coisas simples do cotidiano.

Sumário

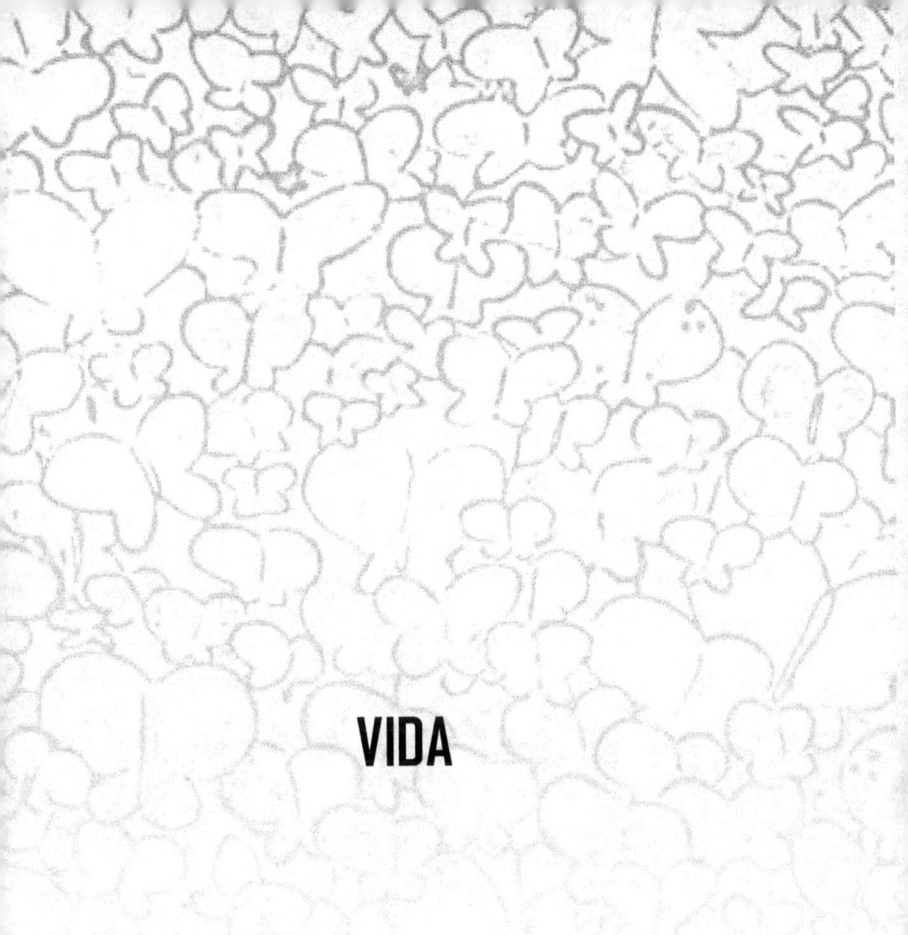

VIDA

O tempo e as palavras

Tempo. Namorada.

Temporada.

Tempo. Litoral.

Temporal.

Tempo. Majestade.

Tempestade.

O tempo muda todas as palavras.

O tempo muda todo o meu ser, troca as certezas pra um armário do outro

lado do quarto.

O tempo faz tempestade,

o tempo faz temporal,

mas o tempo faz temporada.

E as temporadas sempre passam.

Vida

A vida:

passa.

Passageira de passos curtos.

De grão em grão

uma paixão acontece.

De grão em grão

os filhos esquecem as telas e abraçam os pais.

De grão em grão

as areias da ampulheta choram

entre os nossos olhos.

A vida

passa.

E as passagens são cheias de bifurcações.

E, dentro do trem,

os passageiros jogam um bem-me-quer, mal-me-quer

com as rosas que acharam nas estradas.

(Lançam sortes nas flores).

Mas, entre todos os caminhos e estradas

a certeza dessa vida

são os passos

as chegadas

as partidas

e, grandemente, os sonhos.

Contruções

A cada folha amarelada que cai das árvores: constroem-se outonos.

A cada pequena pétala de flor que cresce: constroem-se primaveras.

A cada saudade tamborilando por dentro nos dias: constroem-se amores.

A cada partida e chegada, mares e desertos: constroem-se amizades.

A cada mariposa girando na luz do quarto escuro: constroem-se solidões.

A cada olhar sincero para as estrelas: constroem-se universos interiores.

A cada rio cristalino e limpo: constroem-se vidas.

A cada momento triste, intenso, amoroso: constroem-se lembranças.

A cada olhar carinhoso seu sorrindo sobre os meus olhos: constroem-se perdas de sentido.

A cada pequeno passo diário: constroem-se histórias.

A cada leitura desta poesia: constroem-se imaginações.

Tudo em você é construção

de grão em grão há de, um dia, fazermos castelos de areia.

Mar

O mar, o mais enigmático dos seres.

Nenhuma de suas ondas é igual a qualquer outra.

E os pensamentos não são iguais aos outros.

E, olhando para a frente,

percebo que o mar não é infinito:

ele acaba no limite do nosso olhar,

é preciso profundidade pra sentir um pouco de sua imensidão.

A pequena flor

Onde está aquela Flor que brotou no jardim?

Lançou seu perfume,

se mostrou gloriosa e sensível,

mas nenhum ser a regou com lágrimas de amor,

E, por isso, ela desabrochou

chorou pétala por pétala,

Procurou um mundo sensível até o último suspiro

e sucumbiu.

Teias

A aranha tece os fios do jardim.

E Deus tece os fios da vida e do tempo.

Pequenos fios juntam as nossas vidas

por um encontro na faculdade

um amigo em comum , uma ajuda num momento preciso

uma união de anos que se perpetua pelo cativar.

Devagar, no cotidiano dos dias, como a aranha faz sua teia.

Quantas vidas já tocamos por esses fios?

Quantas pessoas passaram e existem nas teias fortes de nossa
lembrança?

Serão as lembranças os fios eternos que Deus nos dá para
abraçar o tempo?

Fia-se e desfia-se - e a vida continua passando ligeira

e não podemos perder os momentos

que as pessoas nos proporcionam

eles são migalhas que nos guiam para o caminho de volta.

Se fosses flor

Se fosses uma flor, que cheiro exalarias?

Se fosses uma flor, em que primaveras irias desabrochar?

Em que tempo seria tú a mais vistosa do jardim e em que hora murcharia depois da forte tempestade?

Se fosses uma flor, em que planeta do universo estarias com teu pequeno príncipe?

Em que castelo estaria com tua fera e tua maldição quebrável por um amor apenas verdadeiro?

Quem pousarias em ti, e retiraria o pouco de pólen que ainda te restas?

Que flor, que ser humano seria você hoje, crescendo entre as pedras mortais?

Onde a vida pode nascer dentro de ti para que abras com o nascer da primavera?

Um inverno, nós e uma esperança nasce de novas primaveras lilazes.

O olhar do velho

Um dia, o velho acordou, se olhou no espelho.

Viu suas rugas, suas pintas, as marcas da vida e da idade em sua pele, em seus olhos.

O velho, então, viu o passarinho cantando - e a mamãe dando de comer aos filhotinhos.

E os filhos passarinhos estavam abertos pra novidade do mundo,

pro novo dia que nascia, pra nova minhoca pra comer,

pro novo desafio de um dia voar.

E, sentindo- se passarinho, o velho se fez novo.

Entendeu que quando estamos abertos pra novidade de cada dia,

nascemos na placenta de Deus a cada amanhecer.

Nunca somos velhos demais.

AMOR

O medo

O medo invadiu o quarto. Revirou todo o guarda-roupa.

Jogou todas as minhas cuecas e meias no chão.

O medo dormiu em baixo da minha cama, enquanto eu estava dormindo.

E sonhei com bichos da infância agarrando minhas entranhas.

O medo levou meus bonecos de infância, meus jogos da memória, tudo ele tornou obsoleto.

O medo arrancou até as teias de aranha que dia após dia esqueci que existissem.

O medo mexeu em tudo.

Mexeu em tudo procurando o amor- e eu, inocente, deixei.

Apesar de o amor ser maior do que o medo, essa bagunça que o medo faz embaralha toda uma vida.

O medo mexeu em tudo.

E eu espero o dia em que o amor mexa em tudo.

Quando ele mexe, tudo ganha sentido nessa vasta existência.

A imagem do amor

Imagina.

Imagina o amor dentro de um ninho:

o passarinho saiu pra procurar comida

e deixou ele, sozinho, numa árvore.

E eu aqui, parado, olhando pra ele:

não sei o que fazer.

(De tão simples, o amor confunde os nossos sentidos.

Todos os olhares são infantis pra perceber o amor.)

E passaram- se minutos, e nada pude fazer.

A imagem do amor fez desvanecer todas,

todas as ideias de coisas que eu podia fazer.

As minhas visões se embaçaram,

cristalizaram-se por eternidades.

E, finalmente, o passarinho voltou.

E eu perdi a imagem do amor.

Imagina se em algum outro dia,

ou nesse ano,

ou nesse século,

no meio do tempo e espaço, do sem-fim,

mais uma vez

se pudéssemos vê-la de novo.

Anormalidades

Quando você não amanhecia em mim todas as manhãs,

os passarinhos acordavam os homens de idade,

as crianças corriam para a escola brilhando lágrimas

e a lua bebia vinhos velhos com os bêbados,

tudo estava na mais perfeita normalidade.

Mas, quando percebi que o seu olhar era a perdição para os meus sentidos,

o sol passou a amanhecer contando histórias para dormir

e as laranjeiras expulsaram todos os passarinhos do parque.

Para onde os sentidos migram quando o amor bate à nossa porta?

Espaços

Deus abriu todas as gavetas do meu guarda roupa.

E, ao contrário do que eu achava

ele me mostrou que todas as gavetas estavam empoeiradas

e lotadas de roupas velhas e abarrotadas

tudo tão cheio: que não tinha espaço pra você.

Tinha eu o talento de acumular passados –

mas as ondas não guardam mágoas,

elas choram nas areias no seu tempo presente.

Se tu vens às quatro da tarde,

não posso eu ter culpa desde às três.

Como pode ver tu cobra engolindo elefantes e eu ainda vendo chapéus?

Bem sabem as crianças ver luzes dentro de castelos escuros.

Bem sabem elas que o amor é, vivo, um nascimento eterno.

Casulo

Um dia vi um casulo no galho de uma árvore.

E, como costume de menino, fiquei torcendo para a borboleta nascer.

E parado olhando o casulo, lembrei de eu menino:

encausulado pelos olhos da menina.

Me fechava dentro de mim mesmo

e encolhia as asas, acho que por medo de voar.

Paixão encausulada não consegue voar.

Ela fica com medo de se abrir e quebrar as asas fora do casulo.

Mas a paixão verdadeira vira borboleta:

visita todas as casas da vizinhança.

Colorida e leve, a borboleta atravessa os caminhos.

Vê os amanheceres do sol e as nuvens se abrindo.

Fica de flor em flor tentando se encontrar no mundo.

Mas essa lição o menino não aprendeu ainda

nas suas aulas improvisadas ao ar livre.

Pássaro perdido

O amor talvez seja o canto silencioso do pássaro

que se perdeu do bando quando os outros pássaros

migraram no horizonte.

O canto dele é saudade.

O canto é, dele, esperança.

Onde se esconde?

As estrelas fugiram do céu escuro

Os corais se foram dos oceanos

As memórias se foram das casas

E as esperanças fugiram dos quintais, e das manhãs.

Soprou-se o choro dos poetas para longe

E voou também toda tristeza do crepúsculo.

Se foram as vidas dos rios, dos manguezais, e se foram vidas dentro da gente.

Até o mais improvável, deu pra ir embora: a sensibilidade das mulheres.

Isso tudo se foi, e - ainda assim- você teima a permanecer dentro de mim, nas minhas entranhas.

Em que infinito dentro de mim você se esconde?

Borboletas

Depois de pegar folhas de hortelã, algo me surpreendeu.

De repente, vieram aos meus olhos duas borboletas coloridas aprontando peripécias no pé de acerola.

As olhava com olhos de criança querendo entrar na brincadeira.

 Mas que tolice, como posso eu ser parceiro de brincadeiras de borboletas?

Diriam as crianças que isso é possível, dentro do nosso coração frágil.

Diriam as crianças que o amor chega como as borboletas - sutil e brincando com nossos pensamentos

só falta a gente percebê-lo.

Se o amor chegar, sutil, seremos nós capazes de olhar pra ele?

Será o amor borboletas brincando dentro de nós?

Eu te amo

Eu te amo sem parênteses, sem reticências

Sem parágrafos e sem demoras.

Eu te amo sem longos discursos.

Te amo como uma janela aberta pro mundo.

Mas te amo como a lagarta que não sabe quando vai sair do casulo.

Eu te amo com gosto de tarde de sábado em dia de chuva.

Eu te amo derrubando o chocolate quente da cozinha, por desleixo do pensamento.

E até no canto dos passarinhos no quintal.

Te amo todo sem graça, envergonhado.

Amo chegando de fininho, sem fazer barulho.

Amo chovendo incertezas,

e ensolarando teu sorriso.

Voei

Acordei de um pesadelo.

E, quase que por impulso,

estava a vagar no ônibus, à busca de meus sonhos.

(ou um pedaço deles).

E, enquanto estava em movimento

vislumbrei um ninho de passarinho :

os filhotes alçando os primeiro voos.

Mas, de repente, vi aquela visão dos amantes

a princesa dos contos de verdade

seu olhar inteiro, cabelos a voar ao léu

parece que pedindo alguém que está no céu.

E, por um encanto estranho, me perdi do meu destino

passei pelo meu destino sem notar o tempo voou.

Será mesmo que o tempo voou?

Ou será que eu que voei com aqueles filhotes de passarinhos?

Eu-planta

Se eu nascesse planta

brotaria, encantado e triunfante,

para o fundo do teu ser, morena

entrelaçando minhas flores a seus longos cabelos.

Eu usaria toda seiva

que escorre pelas entranhas

pra cuidar de ti, como fosse água da vida.

Eu mostraria pra ti aquelas mais escondidas

raízes profundas do fundo do meu ser

aqueles sentimentos que se transformam em poesia

ou aqueles ventos que são sempre ventania.

E que meu caule cresça até o fundo dos teus olhos,

aquele olhar doce de criança mimada.

E que as nervuras das minhas folhas tracem nossos caminhos

mas que seja um só em si, até o fim do cantar dos passarinhos.

Nessa agonia, peço ao Pai amado palavra encantada:

"Pai, me transforma com tua pá lavra meus caminhos".

Mesmo que haja famintos passarinhos

ou aqueles cortantes espinhos

faça-me castelo de areia

e me desfaz, e me refaz

sem perder as lembranças sutis.

Florescer

Depois de virar o rosto, procurando qualquer outra coisa, te encontrei.

(Como posso ter te encontrado sem te procurar?).

E os teus gestos confundiram os caminhos da minha mente.

Envergonhado do meu excesso de olhares, virei o rosto pro outro lado.

E esses poucos segundos foram bastantes para não mais estares lá.

Hoje vendo as flores vermelhas brilhando no meio da noite, me lembro que as primaveras hão de voltar.

As primaveras hão de voltar silenciosas e sorrateiras como o coração dos poetas.

E, se por encanto das estações,

tu estiveres no meio das flores desabrochantes dos raios de sol da madrugada,

a minha ternura te porá em minhas mãos e te acalentará,

como a primeira rosa a florescer no começo da primavera.

ESPERANÇA

Vagueios de um dia qualquer

Chove lá fora

você sentada na porta de casa

e as suas lágrimas fazem florescer girassóis.

O relógio gira correndo léguas

eu olhando pra fora pela janela

e não sei se fui ou se ainda sou

menino.

Os bem-te -vis levantando cedo

e a ópera da vida canta passarinhando

e eu não sei nada sobre os passarinhos e sobre as outras vidas
alheias.

Os operários soam cansaços e tristezas

e os jovens pobres respiram sonhos

e eu me pergunto se a terra gira em torno de um astro sem luz.

Os velhinhos aprendem a escrever seu nome hoje

e um pai ensina ao filho o caminho da vida

e talvez uma nova estrela possa ter sido acesa no céu.

E talvez os vagalumes voltem a iluminar os becos escuros da gente.

E nós, na nossa mesquinhez cotidiana, talvez consigamos

sentir o coração dos outros, tamborilando paixões,

amarguras e, sobretudo,

fé.

Água

Água, que vem da chuva, que vem das lágrimas.

Que molha a laranjeira,

que faz do mar, uma brincadeira.

Pra os perdidos de sede, um achado,

para os índios, um bem sagrado.

Singela – de tão doce, purifica.

A terra, de tão seca, vivifica.

Faz sofrimento da terra castigada e tão sofrida,

entra, sai – demora, surpreende- nesse grande ciclo da vida.

Molda os rios, chora nas profundezas do solo,

os peixinhos e os corais ela carrega no colo.

Bebezinho mexe nela como fosse divertida.

Fluida, transparente, nos dá seu beijo de despedida

todas as vezes que as ondas afundam sob a areia da praia.

E, por purificar, achamos que ela cobrirá e limpará todas as nossas tralhas, esquecemos que - no seu ritmo calmo- ela não suporta o avalanche de nossas migalhas.

E a água chora, em orvalho

pelo nosso sentido grisalho da vida.

O sumiço

Sumiu. Um alvoroço imenso.

Os homens olhando por dentro de suas casas.

As mulheres abrindo todos os armários.

Foi levantado cada porta-retrato da casa,

e nada.

Vasculhou- se o condomínio inteiro.

Em cada milímetro de chão, em cada folha de árvore, em cada
móvel da sala de festas.

E a palavra não aparecia, e os homens e mulheres não se
comunicavam.

Limparam as janelas pra ver as palavras não haviam sujado as
suas janelas.

Até surgiu a possibilidade delas terem sido roubadas, associadas
a um dito vândalo que corria pelo bairro.

Marcaram uma reunião pra solucionar esse grande problema.
Onde tinha se metido a tal da palavra?

E todos faziam gestos raivosos, e notava - se a falta de paz
em seus corações.

Pouco tempo depois, vieram as crianças. E devolveram pra eles as palavras:

haviam as pegado de manhã, e brincado com elas o dia todo.

E inventaram palavras novas, e tiveram alegrias novas.

A solidariedade por dentro das palavras foi sem fim.

E os adultos,

 raivosos com seus gestos,

aprenderam que era preciso melhor usar as palavras

como as crianças.

Chuva de menina

Menina, só te peço uma coisa no passar dessa chuva forte, que parece eterna.

Te peço que me encharques

assim como os ribeirões que dão vida às plantas.

Me encharques como o mar, se lançando às areias da praia

num ritmo constante e suave

penetrando nos meus espaços vazios e escondidos.

Me encharques como os pingos de chuva molhando as calçadas

numa dança intensa, para todos os lados

pra que eu não saiba em que mundo meus olhos se perderam.

Menina, me encharques de tal modo

que não me sobre roupas secas nos dias de chuva

cobre-me o corpo inteiro

para que, quando cesse a chuva,

sobre-me ainda água tua

água esta que vem sempre através de minhas lágrimas

toda vez que acenas para ir embora

que acenas e choro chuva torrenciais.

Frio

Ela senta na varanda de casa, tremendo de frio.

Ventos gelados passam por todo o seu corpo, e pela sua alma.

Toda agasalhada, ela fecha as palmas das mãos pra afastar o frio,

mas não tem muita força - a tristeza a enfraquece.

Ela olha o céu: a nuvem com o formato de esperança há sim de
aparecer.

Tremendo, as marcas do seu corpo e os hematomas nas suas
pernas doem por debaixo do casaco.

Tudo isso sob um sol escaldante de uma tarde de domingo na
Bahia, na varanda de casa.

Mas sob um gélido vento fétido, que corrói a alma

chamado homem.

Pipas e oportunidades de vida

O menino descalço sai de casa pra empinar pipa.

O vento, intenso, dança uma valsa com a pipa.

E o menino, todo alegre, conta pra mãe

como era de se encantar aquela dança

e como ele, voando, guiava os passos com as suas mãos.

No outro dia, ele foi novamente.

Mas no amanhã os ventos não dançavam mais,

e nem no outro dia.

E o menino descalço não entendeu porque não tinha ventos no céu

sempre que ele ia empinar pipa.

Havia também um colega dele que sempre aparecia arrumadinho.

Para o colega dele os ventos também faltavam,

mas em bem menos dias que pro menino descalço.

O coleguinha dele podia empinar mais pipa quando ele quisesse.

Qual o segredo dos ventos pra que, por um segundo, as pipas passem a ser pássaros no céu?

Qual o segredo para os meninos, como as pipas, voarem no correr fortuito dos ventos?

A andorinha

Menina, se um dia tu fores olhar as nuvens

(e imaginar mil figuras por entre elas),

eu serei a andorinha que avistaste no céu

e entraria profundamente nas nuvens dos teus sonhos.

Voaria rasante nas flores que vistes nos céus

e me colocaria no meio de tuas lembranças de menina.

Atentes ao céu, menina - pra perceberes

que a andorinha passa todos os dias por ti:

de longe, tímida, procurando os teus olhos

(ela só tenta te fazer perceber que está lá)..

Todos os dias a andorinha ensaia seu voo veloz

pra tentar fazer buraco dentro de teu coração, menina

pra que ela possa entrar, ache um espaço pra ela.

A andorinha faz canções suaves como seus cabelos

e quer fazer ninho nas tuas mãos;

pra que as linhas, os caminhos que estão em tuas mãos

sejam sempre dela, seus caminhos se cruzando.

E que ela possa ir, pra sempre voltar.

E que teu toque alegre a andorinha cada vez mais.

Para que, quando estenderes a mão, ela venha suave

e ponha flores em teus cabelos;

flores que achou numa árvore nos caminhos: nos seus caminhos.

Olhares arruaceiros

Um bar vazio: sem histórias, sem batidas de bilhar, sem lembranças.

Uma casa visitada apenas aos domingos para espanar a poeira dos móveis

(ou quem sabe ressuscitar alguma memória perdida?).

Escadas e milhões de degraus alimentam o dia das favelas:

subidas, cansaços e u m raiar de esperança.

Cruzes rachadas em igrejas mortas pelos rituais cotidianos.

Os amores – inquietos, sem uma estrada de pedras amarelas

sem mágicas, sem laços criados, só o puro apetite do sexo e culto ao corpo ideal.

Meninos e mulheres respirando através de smartphones.

Redes virtuais afundadas no que você quer ser em outro alguém,

e não no que é você mesmo.

E, enquanto isso, os carros passam, as pessoas passam

e as vidas passam.

E as casas mudam,

as lojas não estão mais onde estavam ontem.

E a gente parece teimar na vida,

e nesse momento,

as estrelas cadentes se perdem em algum vazio imenso do universo escuro,

e talvez nós também.

Mas as luzes das outras estrelas hão de nos guiar pra um lugar aconchegante

e seguro

basta olhar em volta do nosso próprio eu.

LEMBRANÇA

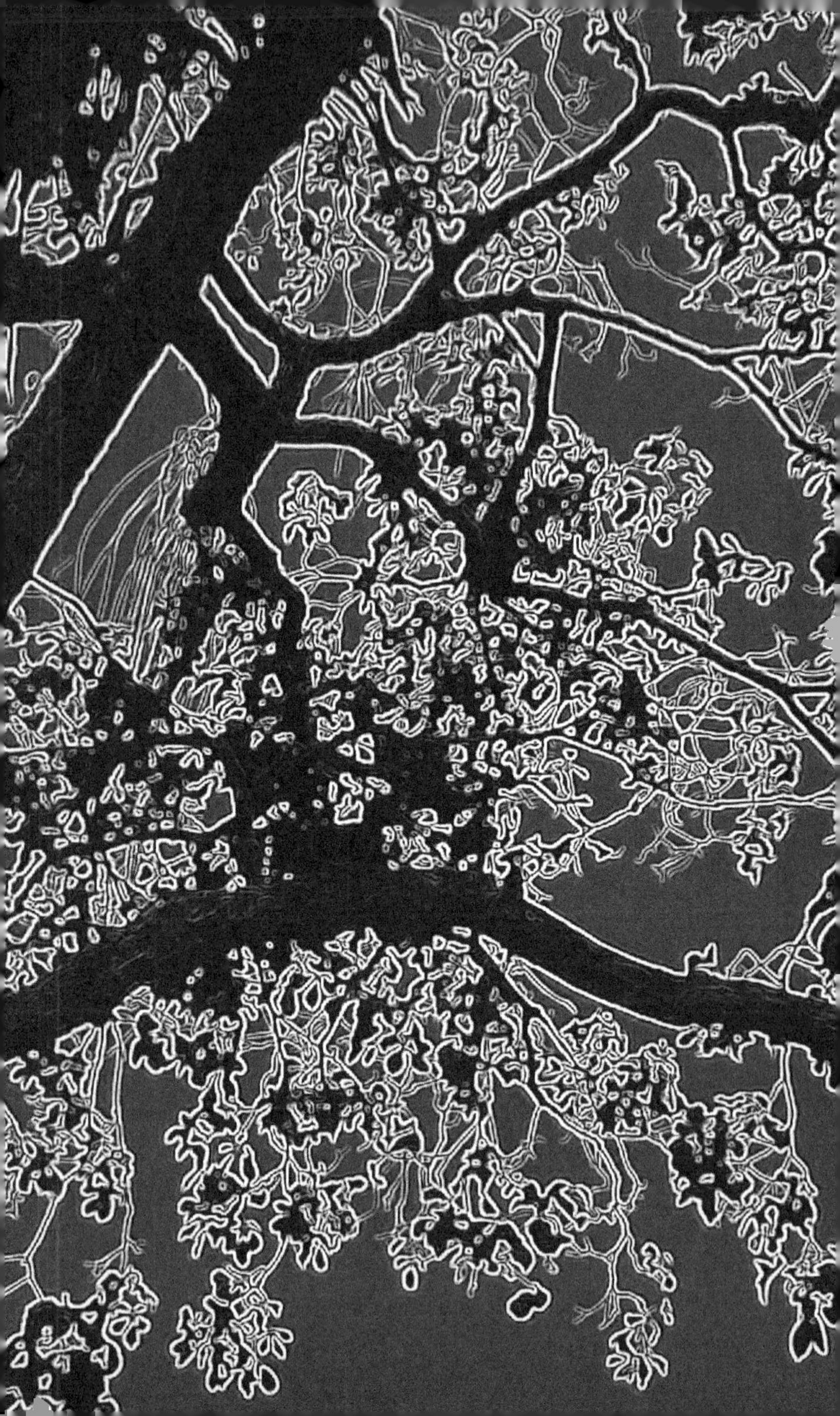

Se pondo

Nos finais de tarde, lembranças.

Nos dias frios, colo de mãe.

No alaranjar do céu, amores escondidos entre as nuvens.

Na noite que começa, amanhecer e esperança.

No dia de amanhã, vida.

Nas águas de chuva, rios e peixes nascendo.

Nas casas, chuva, pão e paz.·.

Nos lares, perdão e Deus.

Entre as minhas palavras, seu coração.

Que palpita, palpita.

E ao longo dessas palavras, mil recomeços se criaram dentro de nós, no palpitar desses segundos.

Mil cores de pôr do sol se criaram dentro de nós.

E tudo se pôs.

O sol e nós se pondo, sempre.

Pra amanhecer.

A árvore de meu pai

Meu pai, uns anos atrás, plantou uma árvore.

Hoje essa árvore vive aqui em frente de casa.

E vem muitos passarinhos nela.

Alguns passarinhos pousam, cantam e saem.

Outros só brincam no meio dos galhos.

Outros poucos fizeram ninho na árvore, e toda vez que saem,
voltam pro seu lar.

Se meu pai não tivesse plantado essa árvore a anos atrás,

os passarinhos não cantariam hoje,

e não teriam feito ninho e ficado por aqui.

Se meu pai não tivesse plantado essa árvore, eu não teria
feito ninho hoje,

e não voltaria para a árvore dele todas as vezes em que
preciso voltar pra casa.

O meu canto é por causa do meu pai.

O balanço

Nessa noite fria de primavera

sentando ao léu num tempo perdido

percebo dois balanços no parquinho

e caio em mim: que cresci.

Na verdade, não sou eu que não caibo mais neles

eles parecem não caber mais em mim.

Não entendo porque minhas peripécias de criança

parecem tão longe, a tanto tempo passadas

ainda que tenha sido no encanto de um piscar.

E lembro bem da menina no outro balanço

o quão longe seus cabelos voavam...

agora que não cabe mais em mim

como voaremos juntos?

como saberemos nosso ritmo para balançar?

Lembro da partida que combinávamos:

Um, dois, três, vamos !

Mas, não contamos mais

paramos de contar a um tempo

Nunca mais saberei se estamos voando no tempo certo

e nunca mais balançarei ao favor do vento

ao favor do teu sorriso.

Um menino que ainda tem vida

O adulto anda até o pé de acerola:

pega as de baixo e pula pra pegar as mais altas.

E, conforme as frutas vão caindo, vem os jabutis do quintal pra comê-las.

Assim, no meio dos pulos e do lanche dos jabutis,

uma janela se abre dentro de si.

Ele se vê menino dando de comer aos bichinhos

recolhendo tijolos do quintal pra fazer casa pros jabutis

pulando, correndo, esperneando pelo quintal

procurando não sabe o que, almejando não sabe o que

sem saber ele que chegava perto da felicidade

toda vez que deixava a simplicidade transparecer nos seus gestos).

Mas é que, assim como a árvore que cresceu junto com ele na frente de casa, onde a beleza dela começa pela raiz,

a da gente começa do menino, entendendo o que é o mundo

e vamos lançando nossos galhos sobre o universo

e outras árvores vão entrelaçando seus galhos por entre os nossos.

Menino, apesar de estar nas minhas lembranças

eu ainda te ouço - eu te vivo.

As vindas

Vem a noite, vem as flores

e vem você, pra mim, soprando borboletas.

Vem o céu, vem a tristeza

e as marionetes brincando sozinhas.

Vem a mulher, e as emoções

e vem as estátuas tamborilando ritmos em seus corações.

Vem os sinos, e as orações

e vem os vitrais das catedrais dançando em preto e branco.

Vem o tempo, vem a paz

e o relógio marcando meia noite dorme sobre as estrelas

Vem a criança, vem as estações

e, no inverno gelado, as flores desabrocham sonhos.

Vem a esperança, e vem os seus olhos

e não os compreendi

e ainda me acho jovem demais pra entender a vinda do amor.

Humanos

Alguns dizem que somos poeira de estrelas, elementos pequenos do cosmos.

Outros que somos um pedacinho pequeno da imagem de Deus.

Outros que somos o nosso presente, os nossos sentidos no agora.

E mais que somos a esperança de um amanhã que ainda virá.

Mais que isso, somos lembranças e memórias.

Somos o choro de uma criancinha que ralou o joelho quando brincava no parquinho.

E somos a nossa primeira paixão de infância.

Somos sem porquê, sem explicação.

As lembranças penetram de modo diferente dentro de cada um de nós.

Somos as lembranças esquecidas, aquelas que só vem em uma condição especial.

(Quando escuto uma certa música, lembro do meu primeiro amor de escola).

A raposa lembra do cabelo amarelo do pequeno príncipe quando vê o trigo.

Somos as lembranças tristes, aquelas que fazem de nós humanos.

Somos também as alegres que fazem de nós eternidade.

As lembranças guiam nossos rumos diários.

Somos memórias, saudades.

Somos as estórias que contamos no boteco,

e somos as verdades que contamos pra uma pessoa amiga.

Nunca há uma estória igual contada, nunca há uma verdade igual.

E há sempre chance de mudar a estória, e mudar a verdade.

Isso é o que nos faz poeira de estrelas, é o que nos faz pedacinho da imagem do divino,

é o que nos faz pequeninos e eternidade nesse pequeno mundo misterioso.

Sussurros da noite

As lâmpadas dos postes iluminam os paralelepípedos da rua.

As sombras das árvores balançam vagarosamente no chão.

Um gato mia devagar e desesperadamente, parecendo que está no sio.

As luzes da cidade são faróis que brilham para os perdidos no meio do mar urbano.

Um homem sombrio carrega sua sacola pesada, procurando crianças- as suas crianças pra alimentar depois do dia de trabalho.

Os grilos cricrilam harmoniosamente procurando almas que cantem no seu ritmo e tom belos.

As nuvens cinzas cobrem o céu escuro, trazendo fantasmas, aqueles das lembranças mais inquietantes.

O vento sopra silencioso, ladrão sorrateiro que entra nas casas e nos lares do coração.

E a noite sussurra calmamente seus segredos mais obscuros.

E ela me conta seu mais profundo segredo:

que, no fundo,

ela(a noite) é apenas uma criança.

Uma pequena criança brincando de me assustar.

PARTIDA

Olhar profundo

Conto agora sobre um menino redundante.

Seu olhar tão profundo era

que bastava enxergar passarinho a voar

e questionava sua estadia em pleno chão

Seu olhar tão profundo era

que queria descobrir tesouros perdidos

por dentro das pessoas, ousadia serena

mesmo sabendo que não poderia lapidar os tais

diamantes, esmeraldas, que talvez encontrasse.

Seu olhar tão profundo era que amava à distância

fazia encontros à luz de velas, ou ao pôr do sol

dentro do coração da moça,

e às vezes dentro do seu próprio, sem tocá-la uma única vez.

Seu olhar tão profundo era

que se perdia nas palavras, usava redundâncias

e seu olhar tão profundo era

que também se perdia dentro de si

dentro de uma aventura que - até hoje - tenta escapar.

Partir

Parte.

Parte sem deixar partes no mundo antigo.

Partindo inteiro, com todas as suas bagagens que carregou na vida.

Parte, partindo sem mágoas.

Partindo com a alegria dos que gostam de você vendo que você cresce,

e aprende a cada vez que você vai embora e a saudade aperta.

A saudade nada mais é do que a mostra de que o amor existe,

e por meio dela podemos carregar alguém pra qualquer lugar desse mundo.

Parte porque foi um caminho que você se esforçou pra escrever.

E Deus foi consentindo os seus desejos com o dele.

O vento vai puxando a pipa para vários lados,

mas o menino controlando ela não deixa ela se perder.

Parte como ventos suaves, sempre em frente, mas sem enormes expectativas.

Parte porque toda partida, na verdade, é uma futura chegada.

Parte porque somos feitos de cada lugar por onde fomos.

E de cada aceno que recebemos.

Parte. E parte usando toda a linha do carretel da pipa,

sabendo que na volta o seu aconchego te espera.

Amar-te

Te sinto com a densidade de milhões de estrelas cobrindo o céu,

feito as noites iluminadas da roça de meu avô.

(Noites como uma cidade grande jamais imaginou ter).

E no meio dessas sensações, percebo que preciso te amar incessantemente mais.

Te amar incessantemente mais, e te ter incessantemente menos.

Porque o amor é livre, feito os grãozinhos de areia levados pelo vento por vários horizontes.

Preciso te amar incessantemente mais, pra que possa te deixar livre, principalmente aqui dentro.

Para que possas voar por onde queres, e não por entre os limites da minha alma.

Que tu possas se libertar de mim serena, sem grandes eventos.

E que possas ir com ventos favoráveis até o teu destino.

E que nesse caminho eu te ame cada vez mais.

É nesse momento que percebo que amar nunca foi tão fácil assim.

Margarida

Certo dia percebi linda margarida

flor deslumbrante de uma só vida

andava em parte desmerecida

chorosa amante escondida.

Peguei-a, mesmo meio desprevenida

para em meus braços ser envolvida

como obra de arte ,ser esculpida

pela minha forma indefinida.

A pequena flor introvertida

levada à rota despendida

ao amor do menino foi compelida

pelo olhar atencioso, surpreendida.

E dos seus sonhos acabou munida

e sua paixão interior , ferida

a sua fragilidade, excedida

pelo ego do, de flores, homicida.

A flor usou palavra nunca proferida

antes do fim de sua história lida

lição por poucos já sabida:

"menino, não queira tudo para si, por favor deixa florescer

essa pequena margarida".

A sua partida

Você partiu.

E, se você não partisse,

eu nunca iria perceber o quão é bonita a partida do sol no fim
de tarde

e o quanto a sua partida me mudou tanto.

Agora percebo o quão as folhas partem para o solo escuro

nos outonos.

E isso é tão bonito, porque folhas verdinhas nascem

brilhando e irradiando novos sonhos.

Agora percebo que as partidas dos trens

aquelas lembranças clandestinas no fundo da gente

podem também significar chegadas.

Chegadas que nos tornam mais um pouco de nós mesmos.

Partidas podem ser tesouros escondidos em porões pouco
visitados.

ORAÇÃO

Para você

Para dias escuros: saudade.

Para distrair com os amigos: futebol.

Para a saúde das crianças: pais.

Para a saúde de todos: prevenção.

Para tempos de crise: afetos distantes.

Para ser criança: sorriso.

Para ser adulto: sinceridade.

Para os cegos apaixonados: liberdade.

Para entender Deus: Jesus.

Para as grandes cidades: estrelas.

Para os idosos: companhia.

Para seu companheiro de vida: sensibilidade.

Para o seu vizinho: o partir do pão.

Para a sua vida: tempo.

Para as tempestades: calmarias.

Para as noites de sábado: sexo.

Para as finanças: segurança.

Para o próximo dia: esperança.

Para praticar o amor: filhos.

Para trabalhar: persistência.

Para dias ruins: família.

Para presentear: leitura.

Para você: poesia,

e sempre mais poesia.

Passar

Por um tempo, o dia não amanheceu.

As pessoas, estéricas, lutavam contra mundos invisíveis.

Foi-se esquecida a sutil chegada do outono.

Os dias não eram os mesmos.

Os mais frágeis trabalhavam numa cidade fantasma pra botar um pedaço de pão em casa.

Os profissionais de saúde lutavam contra o incerto.

E, porque havia luta, Deus consentia haver esperança em todos os lares.

Os casos de contrair a falta de afeto físico nunca foram tão altos:

mas os afetos distantes

orações, amor, podem passar todas as expectativas.

Deus está sempre conosco.

E, por isso, tudo há de passar

como passarinho.

Tempo

O tempo passa. Os segundos passam.

As horas passam cantando segundos.

Os dias passam gritando segundos.

Os relógios choram tempos antigos.

Os ponteiros passam, passam vorazmente sem eu me dar conta.

E Deus é um cirurgião de relógios,

costura os ponteiros com as palmas das mãos.

Emenda, remenda o tempo.

E eu espero um tempo em que Deus costure os nossos corações,

as nossas fatigadas almas.

E que Deus continue fazendo cirurgias no passar das horas.

Que os ponteiros possam, a cada segundo,

alertar a bondade que passa pelo seu coração

sereno e bondoso.

Deus

Todos os dias, quando olho a vida

vejo um ser por aí, em qualquer lugar.

Vejo Deus assoprando as folhas das árvores

em forma de brisas de gentileza.

Deus se move junto com os pingos de chuva

molhando as calçadas nos dias de inverno.

Deus nos visita todo começo de amanhecer

seja pelo cantar dos sabiás nos quintais,

seja pra amanhecer junto conosco.

Deus corre junto com o menino que brinca de pega-pega

e conhece todas as brincadeiras pra brincar com a gente.

Deus é a melodia das canções de todos os dias

como um refrão, que sempre está no meio das várias harmonias

mas que às vezes passa despercebido, por ser tão simples.

E assim como vemos elefantes, dragões nos desenhos das nuvens

Deus molda os caminhos, de um jeito só dele.

Deus está nas lembranças do passado

e no trilhar dos trens passando em seus destinos.

Isto porque Deus não se prende a lugar nenhum

não se prende a um trono, uma morada qualquer,

ele se move com o pôr do sol

iluminando a todos, todos os dias

sopra pra todos os lados, nos ensina a sorrir

nos ensina a suspirar, e a sentir

ele está além do nosso dia-a-dia

se movimenta junto às cachoeiras

esperando que nos afoguemos em suas fortes

mas singelas águas

de paz.

Gerações de formigas, borboletas e seres humanos

Sentado na frente da árvore aqui de casa, vejo a vida passar.

Logo de manhã cedo, os cachorros da rua andam procurando um pedaço de comida.

Umas crianças de mochila vão pra escola;

gente grande correndo pra não se atrasar pro trabalho,

e alguns agradecem a Deus, logo cedo, pela possibilidade de viver mais um dia.

Em meio a tudo isso, percebi uma formiguinha subindo

no tronco da árvore aqui da frente.

(Bem, as formigas geralmente vivem apenas alguns meses.)

Quantas gerações de formiguinhas passaram por esse tronco enquanto meus anos se passaram?

Talvez umas quinze, vinte gerações.

Devo estar observando a tataraneta da formiguinha que vi cinco anos atrás.

E isso me deixa feliz, porque a vida flui

e Deus dá vida a tudo que existe para que continue fluindo.

Assim também é com a borboleta que voa na minha frente.

Desde que estou aqui, gerações dela já se passaram, existiram,

amaram as flores e morreram.

As borboletas vivem apenas um ano

e eu continuo aqui, contemplando as suas gerações.

Minha oração é também pelas formigas e borboletas.

Pra Deus, nós somos as borboletas e as formigas.

Na sua eternidade, ele nos vê, no nosso finito tempo,

voando pelas ruas e subindo nos troncos das árvores: de geração
a geração.

POESIA

Poesia que brinca

A poesia não é como um temporal:

que vem forte, passa e se esquece, não.

A poesia cair no esquecimento é uma contradição semântica,

a poesia não aceita ficar em algum lugar

ela precisa ser passarinho que aprende a voar

precisa conhecer os céus, conquistar os horizontes.

Senão seria apenas o soar corriqueiro de um sino

por dentro das pessoas, um pequeno barulho.

Se um dia a poesia se transforma-se em criança

seria a mais sapeca delas, inventaria cantigas de roda

traquinagens de rua

canções de bem me quer e de mal me quer

só pra simplesmente brincar

com o coração da gente...

Antes de dormir

Deitar na cama. Luz apagada.

Um universo escuro dentro do seu quarto .

Um universo escuro dentro de mim mesmo.

Ligo a luz do celular pra fingir que existe uma estrela iluminando o quarto.

Fingir que existe uma estrela iluminando dentro de mim.

Logo recorro às palavras, são minhas confidentes.

Descrevo nelas os meus planetas e as minhas estrelas cadentes.

Descrevo o que encontro e o que nunca entendi que ainda mora dentro de mim.

Num universo tão vasto e estranho, as palavras são o astro luz do poeta,

o que o encoraja a tentar se entender e entender os outros - sempre.

Ser poeta

Naquele dia, as névoas gentis cobriram o mal.

Aquele chuvisco, por você, se fez temporal.

E eu não entendia o porquê de tudo tão desigual

as borboletas pesavam sobre os dias mais que as lágrimas.

As folhas das árvores rodopiavam nos ventos.

E se faziam serenos, de tão vorazes, os momentos.

Todas as minhas lembranças traziam de volta os meus tormentos

mas os portos estavam lotados de embarcações que tinham achado o seu caminho de casa.

E eu, olhando o andar das formigas,

percebo que ainda sou uma criança

brincando de ser poeta.

O vento

Lá do alto do céu, o vento sopra as nuvens vagarosamente.

O vento assopra as pétalas do girassol, e elas bailam até a terra.

Ele sopra e bate nas portas das casinhas de sapê, nas noites de pesadelo.

Ele assoprou forte e fez os sonhos perdidos na rua tremerem de frio.

Ele soprou, desfez o amarrado do cabelo dela, e ele percebeu que a amava.

Ele assoprou na manhã de sábado, e o menino descalço corre feliz – porque hoje ele vai poder soltar pipa.

O vento assoprou, misturou todas as palavras que eu pus,

e fez delas,

poesia.

Tradição

Tradição é uma saudade, um amor das coisas que nunca ficam velhas.

Tradição é uma lembrança eterna das coisas mais importantes.

Às vezes, uma tradição é observar o vai e vem da maré nas horas tristes.

Uma tradição pode ser uma oração da vovó nas manhãs de sábado.

Uma tradição pode ser um almoço a cada aniversário de família.

Uma tradição pode ser forró,

pode ser bumba meu boi, pode ser samba de carnaval,

mas pode ser o costume do seu pai de molhar as plantas todo final de tarde.

Pode ser a bênção do seu avô.

Pode ser o beijo de até mais tarde de sua mãe.

Pode ser um aceno discreto do seu amor.

Pode ser uma mensagem, um versículo num dia especial.

Pode ser o olhar das estrelas no final da noite,

procurando a lembrança de alguém querido.

Tradição é poesia, pra aconchegar os nossos olhos.

Tradição é um amor que volta,

é a certeza de que o nosso coração continua a bater,

apesar dos contratempos.